À l'aube de nos nouveaux rêves

Samuel HUYS

A L'AUBE DE NOS NOUVEAUX RÊVES

ISBN : 9798328178372

DÉDICACE

À tous ceux qui ont navigué dans les eaux troubles de l'adversité, aux âmes égarées dans le labyrinthe de la nuit sans fin, ce livre vous est dédié. À vous qui avez trouvé la force de vous relever, de panser vos plaies en silence, et de chercher la lumière au plus profond des ténèbres.

Ce recucil de proses poétiques est un voyage à travers les ombres de ma jeunesse, un témoignage de la lutte acharnée contre les chaînes de la toxicomanie et les séquelles d'une sexualité détruite. Mais au-delà de la douleur et du chaos, c'est un hymne à la beauté de l'amour, cet amour qui répare, qui bâtit des ponts par-dessus les précipices de nos peurs et de nos doutes. C'est un hommage à l'esprit indomptable qui, même dans les moments les plus sombres, refuse de s'éteindre.

À mes proches, qui ont tenu ma main quand je ne pouvais voir le chemin, qui ont cru en moi quand j'avais perdu toute foi. Votre amour et votre soutien ont été mon phare dans la tempête.

Et à vous, lecteurs, qui vous apprêtez à plonger dans ces pages : puissiez-vous y trouver un écho à vos propres combats, une étincelle d'espoir, ou simplement un sentiment de communion dans la complexité de l'expérience humaine.

Que ce recueil soit un rappel que, même dans la nuit la plus noire, les étoiles continuent de briller, et que chaque aube apporte une promesse de renouveau et de rédemption.

Avec gratitude et espoir,

Samuel HUYS

TABLE DES MATIÈRES

PREFACE

Ce n'est pas seulement un voyage à travers les mots, mais un pèlerinage à travers les fragments d'une vie marquée par des épreuves que beaucoup considéreraient insurmontables.

"Amours, drogues, violences sexuelles" Ces mots ne sont pas seulement le résumé d'une existence, mais les échos d'une lutte intime et universelle. Ce recueil poétique est le fruit d'un voyage à travers les méandres de ma jeunesse mouvementée, un périple qui m'a vu naviguer dans les eaux troubles de la toxicomanie, confronté aux spectres de la violence et en quête perpétuelle de lumière dans les ténèbres.

Chaque poème est un battement de cœur, un souffle, un pas sur le chemin de la guérison. Ils sont empreints d'une honnêteté brute, parfois dérangeante, souvent poignante, toujours véridique. À travers un style narratif où le lyrisme se mêle à la candeur la plus pure, j'ai cherché à retracer mon parcours depuis les abysses de la dépendance jusqu'aux premières lueurs d'espoir de la rédemption.

Mais ce livre est bien plus qu'une simple autobiographie poétique. C'est une invitation à plonger dans les profondeurs de l'âme humaine, à explorer les douleurs et les joies qui nous façonnent. C'est un appel à la compréhension, à l'empathie, et à la solidarité envers tous ceux qui luttent contre leurs propres démons, visibles ou invisibles.

À vous qui tenez ce livre entre vos mains, sachez que vous tenez aussi une partie de mon âme. Je vous invite à entrer dans mon univers non pas en tant que simple spectateur, mais en tant que compagnon de voyage. Que ces mots vous offrent réconfort dans vos moments de solitude, force dans vos périodes de doute, et peut-être, un sentiment de connexion dans ce monde si vaste et pourtant si intimement lié par nos expériences communes.

Puisse ce recueil être une source d'inspiration pour ceux qui, comme moi, cherchent à reconstruire leur vie après avoir été brisés. Que l'amour, sous toutes ses formes, vous guide vers la lumière, tout comme il m'a guidé vers la mienne.

Avec tout mon cœur,

Samuel

PARTIE I : DANS LES ABYSSES

A L'AUBE DE NOS NOUVEAUX RÊVES

LE VOILE DE LA NUIT

Dans le silence obscur de la nuit, là où les ombres dansent librement, je me suis trouvé enveloppé par le voile sombre de l'existence. Une toile tissée d'errances, de murmures étouffés, et de soupirs perdus dans le vent. C'est sous ce ciel étoilé, témoin silencieux de mes tourments, que j'ai commencé à écrire l'histoire de mon âme en quête de lumière.

La nuit, dans son infinie sagesse, m'a enseigné que chaque étoile était une cicatrice dans le firmament, un rappel que même dans l'obscurité la plus profonde, la lumière trouve toujours son chemin. Chaque ruelle sombre, chaque rue déserte, portait les empreintes de mes pas, un chemin labyrinthique vers l'inconnu, où chaque tournant révélait une partie de moi-même longtemps enfouie sous les décombres de l'existence.

J'ai erré, corps sans but dans la pénombre, esprit emprisonné par des chaînes invisibles forgées par les caprices de la dépendance. La drogue, tel un amant cruel, m'a embrassé de ses lèvres empoisonnées, m'attirant toujours plus profondément dans ses abysses, là où la douleur se mêle à l'extase, et où la réalité se dissout dans un brouillard d'illusions.

Dans ces moments suspendus entre deux mondes, j'ai vu mon reflet dans les vitres brisées des promesses oubliées. Un visage marqué par les batailles contre des démons tant intérieurs qu'extérieurs, des agressions qui ont laissé leur marque indélébile sur mon être. Mais c'est dans cette fragilité, dans ces fissures de mon âme, que j'ai trouvé ma force.

Car chaque chute m'a appris à me relever, chaque plaie m'a enseigné la guérison. Les cicatrices devenaient des médailles d'honneur, témoignant de la bataille contre moi-même, une guerre pour retrouver mon intégrité dans un monde qui semblait avoir perdu le sien.

Et alors que l'aube venait caresser l'horizon de ses doigts rosés, j'ai compris que la nuit n'était pas mon ennemie, mais mon sanctuaire. Un lieu de réflexion et de révélation, où les masques tombent et où l'âme parle sa vérité la plus profonde. La nuit m'a offert le silence nécessaire pour entendre le murmure de mon cœur, me guidant doucement vers la lumière de l'aube.

Ainsi commence mon voyage, une odyssée à travers les ténèbres vers une renaissance inattendue. Un chemin semé d'épreuves, mais aussi de moments de beauté ineffable, où l'amour, sous toutes ses formes, devient le phare guidant ma barque égarée vers des eaux plus clémentes.

C'est ici, sous le voile de la nuit, que je vous invite à me rejoindre. Ensemble, explorons les profondeurs de l'âme humaine, là où la douleur et la joie se rencontrent, où les larmes se transforment en perles de sagesse, et où chaque cœur battant est un appel à l'amour, à la guérison, et à la lumière.

HUYS SAMUEL

ECLATS D'UN MIROIR BRISE

Quand je regarde en arrière, à travers le prisme déformant de ma mémoire, je vois un adolescent, un reflet brisé de ce que j'aurais pu être. Je marchais alors sur un fil tendu entre l'ombre et la lumière, chaque pas un écho dans le corridor silencieux de mon existence fragmentée. C'était une jeunesse éclatée, une mosaïque de douleurs et de rêves inachevés, où chaque éclat de verre reflétait une histoire non racontée, un murmure de ce qui aurait dû être.

Je me souviens des regards, lourds de mots non prononcés, des silences qui pesaient plus que les cris. Les abus, tel un fleuve en crue, ont débordé les rives de ma volonté, emportant avec eux les derniers vestiges de mon innocence. Chaque attouchement non consenti, chaque acte de violence, gravait en moi des sillons profonds, des cicatrices invisibles au monde, mais qui hurlaient dans le silence de mon âme.

La nuit, je me réfugiais dans les bras de l'obscurité, cherchant un soulagement dans son étreinte froide. Mais même là, dans la solitude de ma chambre, je n'étais pas à l'abri. Les fantômes de mon passé dansaient sur les murs, se moquant de ma douleur, me rappelant que je ne pouvais fuir ce que j'étais devenu. J'étais un navire échoué sur les rives de ma propre détresse, mes rêves naufragés dans un océan de désespoir.

Pourtant, au cœur de cette tempête, il y avait une étincelle, fragile et têtue. Une volonté de survivre, de transformer cette douleur en quelque chose de plus grand que moi. J'ai commencé à écrire, chaque mot un pansement sur les plaies de mon âme, chaque phrase un pas vers la guérison. La poésie est devenue ma voix quand je ne pouvais parler, mon refuge quand le monde autour de moi s'effondrait.

Avec chaque poème, je reconstruisais les pièces de mon moi éparpillé, trouvant une force inconnue dans l'acte de création. Ces mots, ces éclats d'un miroir brisé, étaient la preuve que même dans la plus profonde des ténèbres, il peut y avoir beauté, espoir, et lumière.

Alors que je vous invite à plonger dans ces pages, sachez que vous tenez entre vos mains non pas seulement un recueil de poèmes, mais les fragments d'une vie. Une vie marquée par la douleur, mais aussi par une indomptable résilience. C'est l'histoire de ma jeunesse traumatique, mais c'est aussi un témoignage de la capacité de l'esprit humain à surmonter, à guérir, et à trouver la lumière, même dans les moments les plus sombres.

LABYRINTHE D'UN VIOL SILENCIEUX

Je marchais pieds nus sur la douceur d'un monde encore vierge, ignorant les ombres qui, déjà, s'étiraient vers moi. Mes rires résonnaient dans l'immensité bleue, là où les rêves flottaient comme des bulles irisées, prêtes à éclater au moindre souffle trop appuyé. Mais le souffle est venu, impétueux, ravageant les champs de l'innocence avec la brutalité d'un orage inattendu.

Il y eut ces mains, étrangères et pourtant si familièrement destructrices, qui se posèrent sur l'écorce tendre de mon être. Elles marquèrent leur territoire, comme le fer rouge imprime sa douleur sur la peau nue, laissant une empreinte indélébile, une carte gravée de souvenirs sombres. Cette sensation, celle d'être à la fois présent et infiniment loin, flottant dans les limbes d'un silence assourdissant, là où même les cris se perdent dans le néant.

Mes yeux, autrefois étoiles scintillantes d'univers infinis, se voilèrent d'une brume épaisse, filtrant la lumière, ne laissant passer que les ombres. J'appris à naviguer dans cet obscur, mes doigts effleurant les parois d'un labyrinthe intérieur à la recherche d'une sortie qui semblait se dérober avec chaque pas hésitant.

La douceur de l'air, les parfums d'été, la chaleur d'un soleil bienveillant sur ma peau, tout semblait désormais appartenir à un autre monde, un lieu lointain où l'écho de mes pas ne résonnerait plus jamais. Les goûts et les couleurs perdirent leur éclat, comme si un voile gris avait été tiré sur le monde, transformant chaque expérience en une ombre pâle de ce qu'elle aurait dû être.

Dans cette obscurité nouvelle, j'ai erré, spectre de moi-même, hantant les vestiges de mon innocence perdue. Les éclats de mon rire se brisèrent contre les murs d'une réalité implacable, où chaque sourire est un combat, chaque joie une victoire éphémère sur les ténèbres qui me guettent, prêtes à engloutir la moindre étincelle.

Les saisons ont défilé, indifférentes à mon désarroi, peignant le monde de couleurs que je ne pouvais plus voir, de senteurs que je ne pouvais plus sentir, d'une vie que je ne pouvais plus vivre.

PLAISIRS ASPHYXIES

Dans l'ombre des jours consumés par la honte, le dégoût, et le silence, là où chaque battement de cœur résonnait comme un écho dans une chambre vide, j'ai trouvé refuge dans l'embrasse toxique des drogues. Ce n'était pas une quête de plaisir, mais une fuite désespérée de la réalité, un moyen de brouiller les lignes entre le souvenir et l'oubli, entre la douleur et l'absence de sensation.

Au début, c'était comme voler, s'élever au-dessus des ruines de mon propre esprit, regarder en bas et ne voir que des ombres lointaines de ma souffrance. Chaque inhalation, chaque pilule avalée, était un billet pour un voyage hors de moi-même, loin des souvenirs qui me hantaient, des mains fantômes qui parcouraient encore ma peau dans l'obscurité de mes nuits sans sommeil.

Mais ce vol n'était qu'une illusion, un mensonge susurré dans l'oreille par des démons déguisés en sauveurs. Car avec chaque descente, je tombais plus bas, le sol se dérobant sous mes pieds, me laissant tomber dans un gouffre sans fond. La dépendance s'installait, insidieuse, tissant autour de moi une toile d'où je ne pouvais m'échapper. Ce que j'avais cru être ma liberté n'était en réalité que des chaînes, me liant plus fermement à mes tourments.

Les drogues, une fois source d'oubli temporaire, sont devenues la cause de nouvelles douleurs, de nouveaux fantômes. Mon corps, déjà un champ de bataille de violences passées, était maintenant un territoire occupé par cette nouvelle addiction. Chaque dose était à la fois un acte de rébellion et un aveu de défaite, une tentative de reprendre le contrôle tout en le cédant entièrement.

Pendant longtemps, j'ai navigué dans cette asphyxie, chaque jour un peu plus flou que le précédent, chaque nuit un peu plus sombre. Mais même dans cet état de demi-existence, une part de moi luttait pour respirer, pour émerger de cette brume chimique et voir le monde en couleurs une fois de plus.

LA POUDRE D'ETOILES

Dans les méandres de la nuit, sous le voile argenté de la lune, s'élève une poudre d'étoiles, fine et trompeuse. Elle promet des voyages au-delà des cieux, des danses avec les ombres, un flirt avec l'infinité. Cette reine de glace, au souffle froid et coupant, déroule son tapis blanc sur lequel les âmes se perdent, cherchant dans son étreinte un paradis éphémère, une évasion de la réalité morne et terne.

Elle est une illusion, une beauté froide et calculatrice, qui se joue des désirs et des peurs, qui souffle sur les braises de l'ambition jusqu'à les transformer en incendies ravageurs. Avec elle, les nuits s'allongent, les cœurs battent la chamade, les esprits s'envolent pour se heurter, inévitablement, aux plafonds du désespoir.

Mirage de puissance et de liberté, tisse autour de ses fidèles un cocon d'invincibilité, les isolant dans un palais de glace où chaque écho est un rappel de leur solitude. Elle peint le monde en nuances plus vives, mais à quel prix ? La luminosité se ternit rapidement, laissant place à une obscurité plus profonde, un silence plus lourd.

Dans cet univers où le temps se dilue, mes souvenirs se mêlent aux illusions, créant un tableau surréaliste de mon existence. Des visages aimés s'effacent, remplacés par l'ombre constante de ma compagne. Elle susurre des promesses de paix, tissant des rêves de coton où je m'enfouis pour échapper à la douleur

A L'AUBE DE NOS NOUVEAUX RÊVES

HUYS SAMUEL

DU SEXE PUREMENT CHIMIQUE

Dans la toile tissée entre ombre et lumière, cette pratique sexuelle se dessine tel un tableau aux contours flous, une quête effrénée de sensations éphémères dans l'embrasement de nuits interminables. C'est un voyage au cœur de l'oubli, où les corps cherchent à transcender leur solitude au travers d'un rituel de partage et d'excès, une échappée loin des regards qui jugent, dans un espace où le temps semble suspendu.

Cette danse avec l'abîme, orchestrée par le désir de fusionner, de sentir l'autre de manière plus intense, est aussi un cri silencieux, une fuite devant les spectres de la vie quotidienne, les peurs, les douleurs inavouées. Dans cette quête de liberté, les barrières s'estompent, laissant place à une vulnérabilité à fleur de peau, un besoin désespéré de connexion, même fugace, même illusoire.

Du sexe purement chimique, mais loin d'être un simple acte de rébellion, se révèle être un miroir de nos fragilités, de nos désirs les plus profonds et parfois les plus sombres. Il parle de notre rapport au plaisir, à l'amour, à la peur de l'abandon, dans un monde où les liens se font et se défont avec la vitesse d'un écran qui s'éteint. Mais à une vitesse où un vent emporte le chagrin.

Mais dans cet univers où chaque instant est une quête d'intensité, se cache aussi un appel au secours, un désir ardent de trouver un sens, une lumière dans l'obscurité. La beauté tragique de ces moments réside dans leur éphémérité, dans la conscience aiguë de leur fragilité.

Et si le chem-sex est une fuite, c'est aussi une recherche, celle d'un havre où l'esprit peut trouver repos, où le cœur peut se révéler sans crainte. C'est une histoire d'humanité dans toute sa complexité, un parcours jonché d'espoirs et de désillusions, un rappel que derrière chaque choix, chaque détour, il y a une quête d'amour, de reconnaissance, de paix.

Dans le silence qui suit l'orage, dans le calme après la tempête, se trouve peut-être la promesse d'un renouveau, une invitation à regarder au-delà du miroir, à reconnaître la beauté et la douleur de notre quête commune pour l'authenticité et le sens. Et peut-être qu'une fois le masque à terre, la quête du respect ne sera plus un mystère.

HUYS SAMUEL

SÉROTONINE CHIMIQUE, DOPAMINE ILLUSOIRE

Dans l'ombre des ruelles éphémères, là où les battements de la nuit palpitent au rythme des désirs cachés, se murmure le nom d'une chimère moderne de crystal. Telle une étoile filante dans le ciel obscur des paradis artificiels, elle traverse les veines de l'existence, promettant une évasion éphémère des chaînes du quotidien. C'est une quête de lumière dans les abysses de l'âme, un flirt avec l'interdit, une danse avec les ombres de soi-même.

Sérotonine chimique, dopamine illusoire, ce cristal de la nuit, se pose sur les langues et dans les esprits comme une promesse de transcendance, de moments suspendus hors du temps. Elle est l'architecte de cathédrales émotionnelles éphémères, construisant des ponts entre les cœurs solitaires, des liens invisibles tissés de pulsations et d'éclats de rire. Sous son influence, les murs s'effondrent, les cœurs s'ouvrent, et le monde se pare de couleurs plus vives, de sensations plus intenses.

Mais derrière le voile de l'euphorie, se cache une mélodie plus sombre, un revers de médaille que l'on préfère ignorer. MMC, envoûtante sirène, chante une chanson de liberté qui, peu à peu, se transforme en une ode à la dépendance. Les retours à la réalité sont des chutes brutales, des réveils dans un monde qui semble soudain plus gris, plus lourd où l'écho des rires se transforme en silence pesant.

Ce voyage au cœur de l'illusion, cet affrontement avec les mirages de l'âme, révèle les fissures de notre être, les vides que l'on cherche à combler avec des promesses chimiques. MMC, offre des visions d'unité et de plénitude qui, au petit matin, se dissipent comme la brume sous les premiers rayons du soleil. Elle nous confronte à nos propres abîmes, à nos désirs inassouvis, à la quête incessante d'un bonheur insaisissable.

Dans cette danse avec l'éphémère, où chaque pas est un flirt avec l'oubli, cette valse chimique devient le miroir de nos contradictions, de nos aspirations les plus profondes et de nos peurs les plus intimes. Elle est à la fois le poison et le remède, la question et la réponse, un chemin pavé de lumière et d'ombres. Et dans ce ballet des existences effleurées, se dessine la fragile beauté de l'humain, éternellement en quête de sens, d'amour, et d'absolu, au bord de l'infini.

HUYS SAMUEL

JUSTE UNE LIGNE DE PLUS

Juste une ligne de plus. C'est ce que je me répétais tous les jours pour continuer de me battre pour survivre. Dans les méandres obscurs de ma dépendance, chaque matin devenait une répétition du précédent, un cycle sans fin de promesses brisées et d'espoirs évanouis. Je vivais dans une réalité où le temps se mesurait en doses, pas en heures, où les rêves se dissolvaient plus vite que la poudre blanche sur le miroir devant moi.

La lutte pour m'échapper de cette prison chimique était à la fois mon combat le plus personnel et ma plus grande défaite. Les moments de clarté étaient rares, souvent éphémères, brutalement arrachés par la nécessité impérieuse de fuir une réalité trop dure à affronter. J'avais l'impression d'être un fantôme parmi les vivants, invisible, oublié, dérivant sans but dans les rues de ma propre vie.

Pourtant, au plus profond de cette descente aux enfers, une étincelle de désir de changement persistait. Elle était faible, souvent étouffée par le bruit assourdissant de mon addiction, mais jamais complètement éteinte. Chaque ligne semblait à la fois être la clef de ma survie et le verrou de ma cage, un paradoxe cruel qui m'empêchait de trouver une sortie.

Le chemin vers la sobriété semblait insurmontable, un sommet invisible noyé dans les nuages de mes échecs. Pourtant, je savais que pour sauver ma vie, je devais entreprendre ce voyage. Il ne s'agissait pas simplement de renoncer à une substance, mais de reconstruire une existence brisée, de retrouver un sens à une vie que j'avais moi-même démolie.

Chaque jour, je me battais pour ajouter une nouvelle page à mon histoire, une page sans cette ligne, sans cette promesse toxique de soulagement éphémère. La bataille était loin d'être facile. Elle était parsemée de rechutes, de larmes et de douleur, mais aussi, peu à peu, de petites victoires, de moments de fierté, de pas vers un avenir meilleur.

Je me suis rendu compte que survivre ne suffisait pas. Je voulais vivre, vraiment vivre, loin des chaînes de la dépendance. Avec chaque jour qui passait, je m'éloignais un peu plus de l'ombre de moi-même que j'avais été, marchant péniblement mais résolument vers la lumière de la guérison et de la renaissance.

HUYS SAMUEL

LES MYSTERES DE L'UNIVERS

Les mystères de l'univers sont aussi vastes que l'univers lui-même. Prenez les trous noirs, par exemple. Ces entités cosmiques ne surgissent pas simplement de nulle part. Ils ne se matérialisent pas à partir du vide. Chaque trou noir était autrefois une étoile massive qui s'est effondrée sur elle- même, un processus connu sous le nom de supernova.

C'est un spectacle à la fois triste et fascinant. Imaginez une étoile, brillante et vivante, qui s'éteint si brusquement. En un instant, cette étoile, qui illuminait autrefois les ténèbres de l'espace, devient elle-même les ténèbres. Elle devient un trou noir, un puits de gravité d'où même la lumière ne peut s'échapper.

D'une certaine manière, je comprends ce processus. Je l'ai vécu de nombreuses fois dans ma propre vie. J'ai été une étoile rayonnante de lumière. J'ai brillé de mille feux, j'ai été l'astre le plus éclatant de ma propre galaxie. Puis, soudainement, je me suis effondré. J'ai connu l'effondrement, la transformation en quelque chose de nouveau et d'inconnu.

Je connais ce sentiment d'être tout, de briller de toute sa force, puis soudainement, de ne plus être rien du tout. C'est un sentiment étrange, un mélange de tristesse et de libération. Mais c'est aussi une occasion de croissance, de changement et d'évolution.

Tout comme les étoiles qui deviennent des trous noirs, nous aussi, nous avons la capacité de nous transformer et de devenir quelque chose de nouveau.

A L'AUBE DE NOS NOUVEAUX RÊVES

PARTIE II : CICATRICES ET REVELATIONS

HUYS SAMUEL

LA DECOUVERTE DE LA VULNERABILITE

C'est la découverte de cette vulnérabilité qui nous fait soudain entrevoir les limites d'un monde que l'on pensait infini.

Dans l'écrin fragile de notre vulnérabilité,

Se dessinent les contours d'un monde fini.

Qui, face à nos âmes, révèle sa limitée,

Un univers aux allures d'infini.

À travers le prisme de nos peurs exposées,

Les frontières de l'existence se font plus nettes,

Chaque faille, chaque crainte, finement découpées,

Dévoilent un horizon où se mêlent nos quêtes.

La force de nos cœurs, dans leur tendre éclat,

Montre le chemin vers des vérités cachées,

Là où l'on croyait tenir le monde entre nos doigts,

Se trouve un espace où nos rêves sont échafaudés.

A L'AUBE DE NOS NOUVEAUX RÊVES

Ce n'est que dans le miroir de notre fragilité,

Que l'univers commence à se délimiter,

Chaque étoile, chaque souffle, un rappel éphémère,

Que dans l'immensité, nous sommes mais seulement des poussières.

Mais dans cette prise de conscience, une beauté se trouve,

Dans les limites, une liberté nouvelle s'éprouve,

Car c'est en embrassant nos frontières les plus profondes,

Que nous tissons les liens les plus forts qui nous inondent.

Vulnérables, certes, mais infiniment vivants,

Naviguant un monde aux mille courants,

Nos limites, loin de nous enfermer,

Nous invitent à danser, à aimer, à espérer.

Ainsi, dans la nuit où nos doutes se balancent,

Nous découvrons que nos limites sont une danse,

Un ballet cosmique, tissé de lumière et d'obscurité,

Où chaque pas, chaque geste, est une possibilité.

La vulnérabilité, notre guide sous les étoiles,

Nous apprend que même dans nos fragiles batailles,

Il y a une force, une profondeur inégalée,

Qui fait de notre finitude, une éternité révélée.

A L'AUBE DE NOS NOUVEAUX RÊVES

35

HUYS SAMUEL

UNE ENTAILLE QUI VAUT 1 000 MOTS

Dans les tréfonds de mon âme, une ombre s'est installée, enveloppant chaque pensée, chaque sourire, dans un voile de tristesse étoilé.

De son nom la dépression, cette bête insidieuse, s'est emparée de moi avec une telle force, transformant chaque jour en un combat épuisant.

Pour trouver ne serait-ce qu'un semblant de paix, c'est une lutte solitaire, souvent invisible aux yeux de ceux qui se préoccupaient.

Une tempête intérieure ravageant tout sur son passage, détruisant les souvenirs heureux sans laisser de message.

Un copain pas assez bien et des amis qui n'y comprennent vraiment rien. C'est le mélange parfait quand plus rien ne va bien.

Et dans cette quête désespérée de soulagement, cette lame m'attend, sournoisement.

Elle est devenue mon cri silencieux, une manière de traduire la douleur intérieure en une souffrance visible, palpable.

À chaque entaille, c'est comme si je libérais une partie de cette souffrance qui me consume de l'intérieur ; qui me consume avec assurance.

C'est un instant de contrôle éphémère dans un monde où j'ai l'impression que tout dégénère.

Une preuve tangible de la bataille que je mène, chaque jour, contre moi-même.

Mais dans l'obscurité, quand on cherche bien, il se cache toujours une petite sécurité.

Parfois, c'est le réconfort d'une mélodie douce qui s'infiltre dans un esprit assombri, apportant un instant de paix au milieu de ces ressentis.

Ces petites lueurs d'espoir, bien qu'éphémères, sont comme des phares dans la nuit, des guides bien fortuits.

Tu es bien plus fort que tu ne pourras jamais l'imaginer et je pense que tu serais surpris de voir qui endurerait avec peine ton décès.

Alors ressaisit toi, et va de l'avant, laisse derrière toi le chagrin pesant, trouve en toi la force, et alors tu seras éclatant.

LES PETITES ERREURS, LES GROS REGRETS

Quand je suis seul, c'est comme si les barrières qui me retenaient habituellement disparaissaient et que je devenais une personne que j'ai du mal à reconnaître.

Dans des moments comme celui-ci, je fais souvent des bêtises que je regrette ensuite. Cette solitude me fait trop réfléchir ; les pensées tournent dans ma tête et me posent trop de questions. Je crains de ne pas pouvoir me contrôler et d'être à la hauteur des attentes que j'ai envers moi-même.

Dans ce moment de doute, j'ai réalisé à quel point j'avais besoin des autres. Les gens autour de moi me soutiennent et me rappellent que je ne suis pas seul dans ce combat. Être entouré me calme et me donne la tranquillité d'esprit : quoi qu'il arrive, je ne serai pas abandonné et n'aurai pas à me défendre face à mes démons intérieurs.

Cette interaction humaine est très importante pour moi car elle me donne un regard extérieur et me permet de voir au-delà de mes propres erreurs. Être entouré d'autres personnes me permet de me sentir soutenu et compris, ce qui m'encourage à agir de manière plus réfléchie et à peser le pour et le contre avant de sombrer dans un comportement impulsif.

La peur de décevoir mes proches devient un moteur de contrôle très puissant qui me permet de prendre des décisions plus judicieuses.

En fin de compte, la peur d'être seul ou abandonné montre seulement que nous avons besoin d'appartenir et d'avoir des liens avec les autres. Cela nous rappelle que les relations que nous avons bâties sont nos plus grands alliés dans ce voyage appelé la vie.

Elles nous aident à affronter la tempête, à maintenir le cap et à ne pas nous perdre en cours de route. La présence des autres est comme un miroir qui reflète le meilleur de moi-même. C'est un rappel constant qu'ensemble, nous pouvons devenir plus forts, surmonter nos faiblesses et éviter des événements malheureux.

TRAVERSEE DES SILENCES

Sous le ciel changeant de ma guérison, je trace les contours de mon existence avec des doigts tremblants. Chaque cicatrice, une carte du territoire parcouru ; chaque ligne, un récit de survie. Mon corps, marqué par les épreuves, porte les stigmates de batailles dont les échos résonnent dans le silence de mon âme. Mais c'est dans cette cartographie de douleurs que je découvre la géographie d'un nouveau monde, une terre où les cicatrices deviennent les signes d'une révélation profonde.

J'ai longtemps cru que ces marques étaient des chaînes, des rappels perpétuels de mes faiblesses, de mes chutes. Je les ai cachées, les ai couvertes de honte comme on couvrirait des mots interdits. Pourtant, c'est à travers elles que j'ai commencé à comprendre : chaque cicatrice est un pont entre mon passé et mon présent, un fil d'Ariane me guidant à travers le labyrinthe de ma guérison.

Les révélations viennent souvent dans le murmure doux de la nuit, lorsque le monde ralentit et que les pensées s'élèvent. Elles viennent comme des vagues, parfois douces, parfois tumultueuses, lavant les fragments de mon être éparpillés par les tempêtes de la vie. Elles me murmurent que je ne suis pas défini par mes épreuves, mais par la manière dont je les ai traversées, par la résilience de mon esprit, par la tendresse intacte de mon cœur malgré les blessures.

Apprendre à aimer ces cicatrices, à les voir comme des médailles d'honneur plutôt que des marques de défaite, n'a pas été un chemin linéaire. Il y a eu des moments de doute, des retours en arrière, des jours où le miroir ne reflétait qu'un étranger. Mais chaque pas en avant, chaque moment de réconciliation avec moi-même, a été une victoire, un acte de rébellion contre les ombres qui cherchaient à m'engloutir.

Les révélations ne sont pas des fins en soi, mais des portes vers de nouvelles compréhensions, des invitations à explorer plus profondément les méandres de mon âme. Elles m'ont appris que la guérison est moins une destination qu'un voyage, une série de petits pas vers la lumière, un processus de reconstruction où chaque pièce retrouvée est un triomphe.

Et dans ce voyage, j'ai trouvé une beauté inattendue dans la fragilité, une force dans la vulnérabilité. J'ai appris que mes cicatrices sont les témoins de ma capacité à surmonter, à me relever, à continuer à aimer malgré tout. Elles sont les contours d'une histoire qui n'est pas seulement faite de douleur, mais aussi de croissance, d'amour, et d'espoir.

HUYS SAMUEL

PARTIE III : RENAISSANCE

PREMIERES LUEURS

Au creux de l'obscurité la plus profonde, là où j'avais élu domicile parmi les ombres et le silence, une lueur timide a commencé à poindre. Imperceptible d'abord, comme le premier souffle du matin qui se glisse à travers les fissures d'un monde endormi, elle grandit, s'étend, défiant la nuit de sa promesse d'aube. Cette lueur, c'était la promesse de la renaissance, le murmure d'une vie qui, contre toute attente, choisit de persévérer, de se redresser dans le ballet de l'existence.

Les premières lueurs de ma renaissance ne furent pas un éclat soudain, mais plutôt une série de révélations douces, de moments de grâce inattendus dans le quotidien. C'était le goût retrouvé de l'air frais du matin, chaque inspiration une affirmation de vie ; c'était la beauté fugace d'un ciel étoilé, rappelant l'immensité du monde et mon propre lieu en son sein.

Avec chaque aube, j'ai appris à accueillir ces lueurs comme des guides, des phares dans le tumulte de ma guérison. Elles m'ont enseigné la patience, la douceur de l'attente, la certitude que même la nuit la plus longue cède la place au jour. J'ai commencé à voir dans mes cicatrices non plus des marques de douleur, mais des inscriptions de ma survie, des témoignages de ma capacité à traverser les ténèbres.

La renaissance n'est pas une oblitération du passé, mais une intégration. Chaque souvenir, chaque épreuve, devient une pierre sur le chemin menant vers cette nouvelle existence. J'ai appris à construire avec eux, non plus comme des poids qui entraînent vers le fond, mais comme des fondations sur lesquelles ériger la structure de ma vie renouvelée.

Les premières lueurs m'ont aussi révélé la force de la vulnérabilité. Accepter d'être brisé, de reconnaître mes faiblesses, est devenu le sol sur lequel pouvaient s'épanouir de nouvelles forces. Dans la fragilité de ces premières lumières, j'ai trouvé une résilience inébranlable, un courage renouvelé pour affronter les défis restants sur le chemin de la guérison.

Cette renaissance est une ode à l'espoir, un chant d'amour à la vie elle-même. C'est un voyage qui commence dans le cœur, où chaque battement annonce le début d'une nouvelle symphonie, une composition unique de joies, de douleurs, de victoires et de pertes. C'est une invitation à danser sous les premières lueurs de l'aube, à célébrer la beauté de commencer à nouveau, d'être enfin en paix avec les échos de son passé.

RECONSTRUCTION

Dans la quête de guérison, chaque pas est une révélation, un acte de résilience. J'appris à écouter le murmure des feuilles dans le vent, à voir la danse de la lumière à travers les branches, à ressentir la terre sous mes pieds comme un rappel de ma présence au monde. Ces sensations, filaments d'or tissés dans le tissu de ma réalité, me rappellent que même dans la nuit la plus sombre, il existe des chemins vers l'aube.

La perception de moi-même, autrefois fragmentée par l'emprise de mains fantômes, doit se reformer, pièce par pièce. Comme un vase brisé dont les morceaux, patiemment recollés, révèlent les fissures dorées de sa cicatrisation. Je ne suis plus le même, transformé par la douleur, mais aussi par la puissance de ma propre survie.

C'est dans ce voyage, marqué par les stigmates d'un passé indélébile, que je trouve ma force. Mes cicatrices, témoins d'un combat, deviennent les médailles d'une bataille intérieure, une quête sans fin vers un horizon où le soleil, enfin, ne se couche jamais.

MON ADOLESCENCE VOLEE, MAIS PAS MON EXISTENCE

L'adolescence est souvent décrite comme une période de découverte de soi, d'expérimentation et d'aventure. Pourtant, pour certains, ces années sont assombries par des expériences qui brisent l'innocence et marquent l'âme de cicatrices indélébiles. Mon adolescence a été volée par un mal insidieux, qui m'a plongé dans un abîme de douleur et de solitude.

Dans l'ombre de mon adolescence volée,

Où le silence et la peur se sont enlacés,

Un prédateur, dans l'obscur, a dessiné

Sur mon âme, des cicatrices à jamais gravées.

Ces années, qui auraient dû être remplies de rires insouciants et de premiers émois, ont été éclipsées par l'ombre oppressante d'un prédateur. Chaque jour était un combat pour survivre, pour trouver un semblant de normalité dans un monde qui avait été irrévocablement altéré. Le silence est devenu mon refuge, un voile fragile entre moi et la réalité de ce que je subissais.

Ces années auraient dû être de découvertes,

De rires et d'émois, de joies ouvertes,

Mais furent noyées sous un voile de douleur,

Un secret lourd que j'ai porté en mon cœur.

La violence sexuelle, surtout lorsqu'elle est perpétrée, est une trahison ultime de la confiance. Elle s'insinue dans les fissures de l'être, détruisant l'estime de soi, la capacité à aimer et à faire confiance. Les cicatrices ne sont pas seulement physiques mais profondément ancrées dans l'esprit, façonnant la manière dont on voit le monde, les autres et surtout soi-même.

Trahi par la confiance, brisé par la nuit,

Mon être s'est perdu, mon esprit s'est enfui.

La honte, la peur, compagnons de mon exil,

Ont marqué de leur sceau mon innocence fragile.

Pendant des années, j'ai porté ce fardeau en silence, un secret lourd qui pesait sur chaque instant de ma vie. La peur, la honte et la culpabilité étaient mes constantes compagnes, des sentinelles cruelles qui me rappelaient sans cesse mon impuissance et ma vulnérabilité.

Pourtant, dans ce désert de désespoir,

Une étincelle d'espoir pour croire,

Que du plus profond de cette noirceur,

Je trouverais la force de vaincre ma peur.

Mais dans cette obscurité, j'ai aussi trouvé des lueurs d'espoir. Le chemin de la guérison est long et semé d'embûches, mais il est possible. Parler de mon expérience a été le premier pas difficile mais crucial vers la reprise de mon pouvoir et de ma voix. Reconnaître la douleur et la colère était nécessaire pour commencer à cicatriser les blessures de mon âme.

Parler fut ma révolte, mon premier pas,

Vers la guérison, retrouver ma voix.

Reconnaître ma douleur, accepter ma colère,

Sur le chemin tortueux de la lumière.

La guérison est un voyage personnel, unique à chaque survivant. Pour certains, elle se trouve dans le dialogue, pour d'autres dans l'art, la thérapie ou la solidarité avec ceux qui ont vécu des expériences similaires. Peu importe le chemin, l'important est de se rappeler que la lumière peut percer même les ténèbres les plus profondes.

La guérison, un voyage personnel,

Trouvé dans le partage, l'art, l'essentiel.

Chaque pas, une victoire sur le passé,

Un futur redéfini, un esprit apaisé.

Mon histoire est celle d'une lutte, d'une survie et, finalement, d'une renaissance. Elle est marquée par des cicatrices, certes, mais aussi par une force et une résilience inébranlable. La violence sexuelle m'a pris mon adolescence, mais elle ne définira pas mon avenir.

Ce poème, tissé de larmes et de résilience,

Raconte une histoire de survie, de renaissance.

Une lutte contre l'ombre, une quête de sens,

Mon adolescence volée, mais pas mon existence.

A L'AUBE DE NOS NOUVEAUX RÊVES

MOMENTS DE DOUTES ET EGAREMENT

Dans les méandres d'une nuit sans étoiles, là où le silence se fait oppressant, je m'égare. Seul, adossé contre le murmure glacé d'un monde qui semble m'avoir oublié, je tiens dans ma main tremblante le vestige de ma douleur : une boîte désormais vide, écho silencieux d'un cri muet.

Mes pensées s'entremêlent, flots tumultueux d'un esprit en détresse, naviguant sur des eaux troubles. Chaque pilule avalée, une étoile filante dans le ciel de ma conscience, emportant avec elle un fragment de mes peurs, de mes regrets. Mais les étoiles filantes ne font que passer, et le vide, implacable, reste.

L'acte n'est qu'un murmure dans la tempête de mon âme, un geste désespéré pour taire les voix, pour apaiser le feu qui consume mes entrailles. Pourtant, au fond de moi, une voix s'élève, fragile et tenace, portant les teintes de l'espérance et de la culpabilité. C'est le chant de la vie, doux et amer, rappelant les promesses non tenues, les rêves évanouis.

La culpabilité me serre, étreinte froide d'une main fantôme, pour avoir flirté avec l'abîme, pour avoir osé défier le fil tenu qui me lie encore à ce monde. Je vois dans le miroir de mes pensées les visages aimés, ceux qui m'attendent peut-être encore, ceux qui ne comprendraient pas. Chaque souffle est un combat, chaque battement de cœur, une victoire éphémère sur les ombres qui me guettent.

J'erre dans un jardin de souvenirs flétris, où chaque fleur porte le nom d'une joie passée, d'un moment oublié. Je m'abreuve à la source de mes propres larmes, cherchant la force de me pardonner, de reconstruire, pièce par pièce, le château de ma vie, ébranlé par les secousses de mes propres tourments.

Mais dans cette quête, je découvre la beauté fragile de l'existence, la lumière insaisissable qui se faufile entre les fissures de mon cœur brisé. J'apprends que chaque cicatrice est une histoire, chaque douleur, un chemin vers la guérison. Et dans le reflet de mon âme, je vois poindre l'aube d'un nouveau jour, promesse d'un horizon où la peur se mue en force, où le désespoir s'efface devant la majesté de la vie.

Ainsi, dans le silence de la nuit, au cœur de ma tempête intérieure, je me tiens debout, fragile et invincible. Je porte en moi le poids de mes choix, la douleur de mes pertes, mais aussi l'espoir tenace d'un lendemain meilleur. Car même dans les profondeurs de la nuit la plus sombre, les étoiles finissent par se montrer, guidant les âmes perdues vers la lumière de l'aube.

Et dans cette étreinte entre l'ombre et la lumière, entre la douleur et la guérison, je trouve la force de continuer, de marcher vers l'avant, porté par le souffle d'une vie qui, malgré tout, choisit de persévérer. C'est dans ce voyage, à travers les vallées de l'ombre et les sommets de la lumière, que j'apprends à vivre, véritablement, avec tout ce que cela implique de courage, de larmes, et d'amour inconditionnel.

UN ESPOIR DE GUERISON

Dans l'ombre des souvenirs, où le temps semble s'effriter, demeure une enfance éclipsée par un silence assourdissant. Un jardin autrefois florissant, maintenant fané, porte les stigmates d'une innocence arrachée trop tôt, comme une fleur cueillie avant l'aube. Les échos d'une voix perdue dans le vacarme des non-dits résonnent dans les couloirs de mon âme, murmurant des vérités voilées par le temps.

Je marche sur un chemin pavé de fragments de verre, où chaque pas est un rappel lancinant de cette époque révolue. Le soleil se couche, mais son crépuscule ne promet pas de répit, seulement l'arrivée d'une nuit peuplée de fantômes du passé. Je ne pourrais plus jamais vivre comme avant, c'est une phrase qui danse sur mes lèvres avec la grâce d'une tragédie oubliée, un refrain qui se perd dans l'écho de mes pas.

Les étoiles, témoins silencieux de mon voyage, scintillent d'un éclat mélancolique, dessinant des cartes célestes vers des mondes lointains. Je me demande, parfois, si elles pleurent pour les rêves brisés, pour les chagrins enfouis sous le poids des larmes non versées. Leur lumière, bien que faible, perce les ténèbres, me rappelant que même dans l'obscurité la plus profonde, il y a une étincelle d'espoir.

La colère, telle une tempête furieuse, rugit dans les profondeurs de mon être, déchirant le voile de l'apathie avec des griffes forgées dans le feu du ressentiment. Elle crie pour justice, pour reconnaissance, pour la liberté de briser les chaînes de la honte. Pourtant, dans son sillage, elle laisse un silence paisible, un espace sacré où germent les graines de l'acceptation.

L'acceptation, cette douce mélodie qui chante les louanges de la résilience, de la force trouvée dans les ruines. Elle ne vient pas facilement, ni rapidement, mais se dévoile lentement, comme les premiers rayons de l'aube après une longue nuit d'orage. Elle enseigne la danse délicate entre le lâcher-prise et le tenir bon, entre la douleur et la guérison.

Et dans ce voyage, j'apprends à redéfinir ce que signifie vivre. Pas comme avant, non, car ce monde n'existe plus. Mais vivre avec, vivre malgré, vivre au-delà. Chaque respiration est un acte de défiance contre le désespoir, chaque sourire une victoire sur les ombres.

Le chemin de la guérison est pavé non pas de certitudes, mais de possibilités, un paysage en constante évolution où chaque pas est un acte de courage. Et bien que je ne puisse plus jamais vivre comme avant, je découvre la beauté dans la transformation, la puissance dans la vulnérabilité, et l'espoir dans les fragments d'un avenir reconstruit.

Ainsi, dans le murmure du vent, je trouve ma voix, et avec elle, la force de raconter mon histoire, non pas comme un récit de perte, mais comme une ode à la survie. Dans ce monde redessiné par mes propres mains, je marche, non plus seul, mais accompagné par les échos de ceux qui, eux aussi, ont trouvé la lumière parmi les ombres.

Dans la quête éternelle de la paix, je comprends enfin que la guérison n'est pas une destination, mais un voyage sans fin, une danse entre les éclats de lumière et les profondeurs de l'obscurité. Et c'est dans cette danse, avec ses rythmes changeants et ses mélodies complexes, que je découvre la véritable essence de la vie.

PARTIE IV : REFLETS D'AMOUR ET DE LIENS

HUYS SAMUEL

L'AMOUR IMPOSSIBLE

Quand je dis que je dis que je suis quelqu'un que l'on peut baiser mais pas quelqu'un que l'on peut aimer ce n'est pas pour dire que je suis seulement désirable pour le sexe, crois-moi, je connais mon corps. C'est plutôt pour souligner une réalité amère que j'ai rencontrée dans mes relations. Cela dit plus sur la superficialité et les limitations des autres que sur mes propres valeurs ou mon estime de soi.

Je suis trop dûr à aimer, trop compliquer. Dans le labyrinthe de mon être, se cachent des sentiers tortueux, des énigmes enveloppées dans l'écho de silences profonds. Je suis une énigme, sculptée dans la pierre des tempêtes, façonnée par les marées du destin, trop dur à aimer, disent-ils, trop compliqué pour être déchiffré.

Mes pensées, telles des vagues rebelles, s'écrasent contre les rivages de l'entendement commun, laissant derrière elles des motifs incompréhensibles, des traces indélébiles sur le sable du temps. Mon cœur, un coffre aux trésors verrouillé, garde ses secrets, ses peines et ses espoirs, enfouis sous des couches de doutes et de rêves.

Quand je dis que je dis que je suis quelqu'un que l'on peut baiser mais pas quelqu'un que l'on peut aimer ce n'est pas pour dire que je suis seulement désirable pour le sexe mais pour souligner le manque d'attention qu'on fait preuve.

C'est une invitation à plonger plus profondément, à voir au-delà du voile de la convoitise, à reconnaître l'âme derrière le corps. C'est un cri silencieux pour une connexion plus authentique, un appel à être vu, compris, et finalement aimé pour l'ensemble complexe et fascinant que je suis. Ce n'est pas une condamnation de mon être mais une critique de la façon dont la société nous conditionne à valoriser l'éphémère au détriment du durable, du superficiel au lieu de l'essentiel.

Derrière cette façade de complexité et de défis, il y a une vérité simple : le désir universel d'être aimé pour soi-même, dans toute sa complexité, sans simplification ni réduction. C'est un rappel que derrière chaque personne se cache une histoire, un monde intérieur riche, souvent inexploré, qui mérite d'être découvert et chéri. C'est dans l'acceptation de cette complexité, dans l'embrassade de ces défis, que se trouve la clé non seulement pour aimer mais pour être aimé véritablement, profondément, pour tout ce que nous sommes.

LES ETOILES INSAISISSABLES

Je suis enveloppé par le silence, les pensées sont qu'insomnie.

Des mots, des pleurs, des rires qui me défie.

Je me tourne, me retourne, cherchant le sommeil.

Mais tu me tiens, toi, insomnie cruelle.

Alors me voilà, dans le silence de ma chambre, et mes souvenirs s'éveillent.

Des murmures que mon cœur ne peut taire, au contraire qui l'appellent.

Je suis face au vide, je cherche, je pense à une nouvelle fuite.

Mais c'est lui qui m'invite, à la vie, à écrire une nouvelle suite.

Je décide de sortir pour observer le ciel.

Pour y chercher un signe, peut-être la vie éternelle.

Ainsi dans le calme de la nuit, mon regard s'est posé.

Sur l'éclat brillant d'une étoile égarée.

Elle a filé, insaisissable, impossible de l'attraper.

Me laissant pour trésor, le doux rêve d'aimer.

A L'AUBE DE NOS NOUVEAUX RÊVES

La lumière s'estompe, mais dans mon cœur, elle brille.

Laissant une trace dans l'obscurité qui monte, l'espoir en moi scintille.

Nos regards se sont touchés, un instant suspendu.

Laissant peindre un amour qui dans le silence est doucement entendu.

Mais aimer une étoile, c'est aimer l'éphémère.

Car lorsqu'elle s'éteint, elle laisse notre âme en hiver.

Pour autant cette étoilé à fait de mon cœur gelé.

Un foyer ardent où l'amour s'est réveillé.

Plus un bruit, plus de peur, juste le silence pour ami.

Dans cet exil, je trouve enfin mon sanctuaire béni.

Alors oui, parfois, il faut affronter le vide.

Car c'est dans ses profondeurs que naît l'espoir, limpide.

Un feu nouveau s'élève, porteur d'un espoir vibrant.

Dans le cœur de la nuit, voilà un nouvel astre brillant.

HUYS SAMUEL

LES PREMICES DE L'AMOUR

Dans le creux d'une soirée d'été, quand le temps suspend son vol et l'air se pare de douceur, j'ai rencontré l'amour. Sans annonce, sans signaux, il est arrivé comme une brise légère, s'insinuant dans ma vie sans invitation. J'avais cherché le bonheur seul, frénétiquement explorant des écrans lumineux, espérant qu'un clic me transporterait vers des ailleurs enchanteurs. Pourtant, c'est de manière inattendue que l'amour s'est manifesté.

C'était dans un moment imprévu, mon esprit distrait de toute recherche, mon cœur tranquille, que l'amour a fait son apparition. Il s'est niché dans les interstices de mon quotidien, là où la lumière se fraye un chemin discret, illuminant les recoins sombres de mon existence. L'amour, cet invité surprise, m'a attendu, me poussant d'abord à m'aimer moi-même, dans l'acceptation de chaque fragment de mon être, célébrant ma solitude non pas comme un vide, mais comme un espace de croissance. Dans cet épanouissement personnel, je suis devenu prêt à accueillir un amour authentique.

Cet amour ne s'est pas annoncé comme une quête désespérée, mais s'est révélé comme une rencontre, l'alignement de deux univers. Ce n'était pas le résultat d'une recherche effrénée, mais le fruit d'un cheminement personnel, d'une ouverture à l'inattendu. Le véritable amour s'est construit sur la compréhension mutuelle, un respect et une affection profonds, transcendant les apparences pour toucher à l'essence même de mon être.

Il m'a surpris, cet amour, au moment où j'étais pleinement ancré dans l'instant présent, ayant appris à apprécier ma propre compagnie, à célébrer chaque instant de ma vie. J'ai alors relâché l'urgence de trouver, l'angoisse de l'attente. J'ai vécu, exploré, ri, pleuré, grandi. L'amour m'a trouvé avec la douceur d'un crépuscule, avec la certitude lumineuse d'une aurore. Et quand il est arrivé, j'étais prêt, non parce que je l'avais cherché de toutes mes forces, mais parce que j'avais appris à vivre de manière pleine, passionnée, authentique.

Dans cet espace de sérénité, d'amour-propre, l'amour a trouvé son chemin le plus naturellement, le plus magnifiquement. Comme la nature qui ne force rien et qui, pourtant, réussit à éclore dans toute sa splendeur, l'amour véritable est émergé inéluctablement, marquant le début d'une histoire écrite de mon propre récit, dans laquelle chaque mot, chaque geste, chaque silence, résonne avec la profondeur de ce qui a été patiemment attendu et finalement trouvé.

JE T'OFFRE MON CORPS

Je t'offre mon corps, et crois-moi, ce n'est pas quelque chose que j'aurais pensé pouvoir faire un jour à nouveau à quelqu'un. Je t'offre mon corps car je t'aime et car j'ai confiance. Prends-en soin s'il te plaît, car il a été abîmé et je ne supporterai pas qu'il le soit un jour à nouveau. Je t'offre mon corps car en toi il trouve sa force, sa guérison, sa renaissance.

Dans le creux de tes bras, il découvre un havre de paix, un sanctuaire où chaque cicatrice trouve son écho, chaque douleur son baume. C'est une offrande de ma vulnérabilité, une confession de mes fractures intimes, dans l'espoir que tu seras le gardien de mes secrets, le protecteur de mes blessures encore tendres.

Dans la chaleur de ton étreinte, je cherche non pas l'oubli mais la métamorphose, la promesse d'un avenir où chaque trace de douleur se transforme en symbole de notre amour. C'est un pacte silencieux que je scelle avec toi, un accord sacré où mon être tout entier te fait don de sa confiance la plus profonde.

Tu m'as parlé du kintsugi et je veux que tu sois le premier à mettre du fil d'or sur mes cicatrices. Dans cette philosophie, où rien de ce qui est brisé n'est jamais vraiment, je trouve une résonance avec l'offrande de mon être à toi. Tu m'as appris à voir la beauté dans les imperfections, à chérir chaque fissure comme une partie intégrante de ce qui me rend unique.

Ensemble, nous créons une œuvre d'art vivante, un témoignage de l'amour dans sa forme la plus pure, où la vulnérabilité devient notre plus grande force. Ton amour et ta délicatesse sont les pinceaux avec lesquels tu peins sur cette toile, redessinant les contours de mon âme avec une tendresse infinie.

Mais j'ai confiance, je sais que tu prendras soin de ce que je donne et je veux te dire merci. Merci de reconnaître la valeur de chaque morceau éparpillé, de rassembler les fragments de mon être en une mosaïque. Merci de m'enseigner que la perfection réside non dans l'absence de failles, mais dans l'acceptation et la célébration de celles-ci.

Dans cet échange, où tu m'offres ton cœur en retour, nous trouverons la plus belle des symphonies, jouée sur les cordes de nos âmes, un hymne à l'amour, à la résilience et à la beauté éternelle de l'être humain.

DES MOTS QU'ON N'OUBLIE PAS

Je me rappelle la première fois où tu m'as dit je t'aime.
Dans le creux de la nuit, sous le voile scintillant des étoiles, un murmure s'est élevé, fragile et tendre, porteur d'une promesse éternelle. C'était le souffle de ton amour, délicatement posé sur les ailes du vent, traversant le silence pour venir caresser mon âme. Je me rappelle la première fois où tu m'as dit "je t'aime", ces mots qui ont dansé sur les lèvres du destin, éveillant en mon cœur un feu ardent, un désir de vivre intensément chaque instant à tes côtés.

Comme une douce mélodie, ton amour a résonné dans les profondeurs de mon être, réveillant des émotions endormies, des rêves oubliés. Chaque syllabe prononcée était une étoile filante, illuminant le ciel de ma vie de mille couleurs, peignant l'horizon de nuances d'espoir et de passion. Dans le jardin secret de mon cœur, une fleur a éclos, nourrie par la douceur de ta voix, par la chaleur de tes mots.

Ce moment suspendu dans le temps, où l'univers tout entier semblait retenir son souffle, est devenu le phare guidant mes jours, la lumière douce dissipant les ombres de mes nuits. Le souvenir de cette première déclaration est un trésor que je garde précieusement, une perle rare enchâssée dans l'écrin de ma mémoire.

ABANDONNE-TOI A MOI

J'ai tellement envie de plonger dans les profondeurs cachées de ton âme, là où tu caches tes secrets les plus intimes. Tu sais, ces parties de toi que tu ne penses pas dignes, enterrées sous des sourires qui ne touchent pas les yeux et des mots choisis avec trop de soin. Je rêve de découvrir ce que tu tais, les pensées qui te rongent en silence et te tiennent éveillé jusqu'au bout de la nuit, créant un chaos intérieur que personne ne peut voir.

Je suis là, prêt à affronter avec toi chaque tempête et chaque éclaircie sur ton chemin. Mon souhait le plus cher est de me plonger dans l'océan de tes expériences, de ressentir chaque émotion, chaque douleur, et chaque joie qui t'a façonné. Je veux lire ton histoire comme un livre ouvert, explorer chaque chapitre, même ceux que tu as laissé inachevés.

Je t'invite à laisser tomber tes barrières, à t'approcher avec tes doutes, tes peurs, et tes rêves. Je te propose un refuge où tu n'as pas besoin de te cacher, où chaque morceau de toi résonnera en moi. Ensemble, on peut bâtir un amour sans condition, un amour qui grandit et se fortifie à travers les épreuves, nourri par une acceptation totale.

Abandonne tes défenses. Dans cette aventure, je t'offre non seulement un amour qui soigne mais qui célèbre chaque facette de toi, y compris celles que tu as jugées indésirables. Ensemble, écrivons une histoire où chaque mot a sa place, où chaque silence parle, et où chaque cicatrice est une marque de force. Je te promets un amour fondé sur la vérité, le courage, et un engagement partagé envers la croissance, un amour qui se suffit à lui-même et nous élève au-delà de nos craintes.

HUYS SAMUEL

LA BONNE PERSONNE AU MAUVAIS MOMENT N'EXISTE PAS

En amour, où les cœurs jouent leurs rôles sur une scène intemporelle, une vérité en moi se dresse, ferme et inébranlable : la notion de la bonne personne au mauvais moment n'existe pas, c'est une illusion éphémère qui se dissipe au premier souffle de la vérité. Et avant d'essayer de me contredire laissez-moi m'expliquer.

L'amour, ce sentiment exigeant et capricieux, ne se laisse pas apprivoiser par la facilité ni par les circonstances opportunes. Il est d'une force indomptable qui, dans son essence la plus pure, défie les tempêtes de la vie, les heures sombres comme les jours de lumière. Il est le feu qui ne demande qu'à être nourri, peu importe les vents contraires.

À toi, destinataire de ces mots, toi qui te reconnais dans ce texte. À la « bonne personne » qui je sais lira ces mots, sache que tu n'es pas un hasard dans mon vaste univers de l'affection. La vérité résonne en nous, claire et sans équivoque : la bonne personne au mauvais moment est une notion absente de notre lexique amoureux. L'amour, dans sa grandeur, est effort, lutte, et persévérance. Et ce, pour pouvoir profiter de ce qu'il peut nous apporter sous toutes ses formes.

Commençons par concevoir que l'amour n'est pas une destination mais un voyage. C'est dans le partage des pas, dans le frottement des âmes et dans l'entrelacement des esprits que se trouve la véritable essence de l'amour. La bonne personne, celle destinée à marcher à tes côtés, est celle prête à forger, dans le feu des épreuves, une union indestructible.

Alors non, la vérité c'est que la bonne personne au mauvais moment n'existe pas. C'est un mythe inventé dans les relations à sens uniques où ceux qui n'ont pas aimer réellement n'assument pas de n'avoir pas su considérer à sa juste valeur une âme qui ne demandais qu'à être aimé en retour. Ce n'est que le refuge des cœurs timorés, une excuse pour ceux qui n'ont pas osé plonger dans les profondeurs vertigineuses de l'amour véritable. Les relations qui s'étiolent dans l'indifférence, et ne sont que des ombres sur le mur de la quête d'union.

Ainsi, dans l'art des sentiments et la beauté des émotions comprenons que l'amour véritable ne connaît ni le mauvais moment ni la mauvaise personne. Il est la force qui transforme, qui élève, qui transcende. Face à l'adversité il choisit la construction plutôt qu'à la destruction.

La bonne personne au mauvais moment n'existe pas. Car dans ce voyage extraordinaire, la seule vérité qui demeure est que la bonne personne, celle destinée à partager chaque battement de cœur, est toujours juste à temps, dans le parfait alignement du destin.

UN AMOUR QUI TOUCHE A SA FIN

Le jour où tu m'as dit adieu, tout semblait s'arrêter, comme une photo prise à un moment trop triste. Il faisait presque nuit, et cette lumière faible semblait vouloir dire quelque chose sur nos rêves qui s'envolaient. Les mots qu'on a essayé de se dire ne semblaient rien porter du tout, comme s'ils étaient emportés par le vent, loin de nous. Ton regard, où je me retrouvais avant, ne montrait plus que le vide. C'était le début d'un chemin vraiment solitaire sans toi.

Les jours qui ont suivi étaient comme un long crépuscule, où chaque souvenir de toi brillait un court instant avant de disparaître. Être seul me pesait, chaque silence me rappelait à toi. Les endroits où on allait ensemble sont devenus trop pleins de toi pour que je puisse y être sans toi. Rire tout seul me faisait plus mal que sourire.

L'air que je respirais portait encore l'essence de ta présence, un parfum qui s'estompait lentement mais qui ne disparaissait jamais tout à fait. Les objets que tu as laissés derrière toi semblaient me fixer, accusateurs, me rappelant sans cesse que tu n'étais plus là pour leur donner vie. Chaque nuit, les étoiles, témoins silencieuses de nos confidences passées, brillaient d'une lumière moqueuse, soulignant l'espace vide à mes côtés. Les mélodies qui nous entouraient autrefois se sont transformées en échos mélancoliques, chaque note un souvenir, chaque silence un espace où tu manquais.

Dans cette pièce où nos rires résonnaient, il ne reste plus que l'écho d'un silence assourdissant, comme si les murs eux-mêmes retenaient leur souffle, espérant ton retour. Les livres que nous avons partagés sont restés ouverts, sur des pages que nous n'avons jamais fini de lire ensemble, des mots suspendus dans le temps, attendant de murmurer à nouveau nos histoires. Les promenades solitaires dans les rues qui ont vu nos pas s'entrecroiser portent la marque de nos ombres séparées, chaque pas un rappel que je marche désormais seul.

L'aube me trouve éveillé, regardant le ciel s'éclaircir, cherchant peut-être un signe, une étoile filante qui emporterait mes souhaits vers toi. Mais l'aurore ne révèle que le cycle incessant du temps, indifférent à mon attente. Les saisons changent, emportant avec elles les dernières traces de ce qui a été, laissant derrière elles un paysage transformé où je cherche encore ta silhouette.

Cc voyage à travers le paysage de l'absence est un chemin parsemé de reflets ; chaque surface lisse me renvoie l'image d'un monde où tu es juste hors de vue, toujours juste un instant trop tard ou un pas trop loin. Les ombres dansent dans une cruelle imitation de ta présence, une présence qui se dérobe dès que je tends la main.

Dans ce récit sans toi, chaque mot est un pas dans un désert d'émotions contenues, un paysage intérieur où les tempêtes de sable effacent lentement les traces de ton passage. Et pourtant, dans le creux de ce manque, dans cette architecture du vide, je te retrouve à chaque coin de rue de ma mémoire, suspendu dans un éternel crépuscule, là où nous existons encore, quelque part entre la lumière et l'ombre, dans une étreinte que même le temps ne peut effacer.

HUYS SAMUEL

VOYAGE D'UNE AMITIE

Au cœur des saisons de l'âme, s'étend un jardin où fleurissent les souvenirs d'une amitié intemporelle. Dans cet espace sacré, chaque pétale porte l'écho d'une émotion, d'un partage, d'une épreuve traversée main dans la main. C'est l'histoire d'une connexion profonde, tissée au fil des ans, entre deux êtres qui ont appris à lire dans le cœur l'un de l'autre comme dans un livre ouvert.

Le voyage commence sous un ciel d'été, où les rires fusent, légers comme des bulles de savon. Ensemble, nous avons couru à travers les champs de nos rêves, insouciants, baignés dans la lumière dorée de la jeunesse. Ces jours étaient emplis de promesses, comme des étoiles filantes capturées dans le creux de nos mains jointes. Chaque moment partagé était un trésor, une perle rare enfilée sur le fil délicat de notre complicité.

Mais l'automne arriva, apportant avec lui des vents de changement. Les feuilles, telles des pensées éparpillées, tourbillonnaient autour de nous, témoins muets des orages intérieurs que nous affrontions. Les épreuves nous ont secoués, ébranlés, parfois même éloignés l'un de l'autre, mais jamais brisés. Dans ces moments de doute, où la colère et la peur obscurcissaient notre ciel, nous avons appris le langage du pardon. Un regard, un geste suffisait pour dissiper les nuages, révélant à nouveau le soleil de notre amitié.

L'hiver nous enveloppa de son manteau de silence, offrant un espace pour la réflexion, pour reconnaître les ombres dans nos cœurs. C'est dans le froid des nuits les plus sombres que la flamme de notre lien brillait le plus ardemment, un phare guidant le navire égaré vers le port. Ensemble, nous avons affronté les tempêtes, partageant la chaleur de souvenirs joyeux, rallumant les étoiles éteintes dans nos yeux. La solitude et la tristesse, lorsqu'elles frappaient à notre porte, trouvaient toujours l'entrée barrée par la force de notre union.

Et avec le retour du printemps, la vie, l'espoir, et la joie bourgeonnèrent à nouveau. Chaque nouvelle fleur, chaque rayon de soleil était un symbole de notre résilience, de notre capacité à renaître plus forts, plus unis. Nous avons découvert que, malgré les tempêtes, notre jardin secret restait un sanctuaire de beauté et de paix. Nos erreurs, nos regrets, bien qu'implicites, ont enrichi le sol de ce jardin, le rendant plus fertile pour l'amour et l'amitié.

Dans ce voyage à travers les saisons de l'âme, nous avons appris que l'amitié, véritable et profonde, est un trésor qui se bonifie avec le temps. Elle est la lumière qui illumine les jours sombres, la douce mélodie qui apaise les cœurs tourmentés. Notre amitié est un pont arc-en-ciel, reliant les îles de nos existences isolées, un refuge contre les tempêtes de la vie.

Ce récit, tissé de joies et de peines, de rires et de larmes, est une ode à l'amitié qui a traversé le temps et les épreuves. C'est une promesse silencieuse que, quelles que soient les saisons à venir, nous marcherons côte à côte, partageant le fardeau des orages et la lumière des aurores. Car c'est dans le partage de nos âmes que réside la véritable essence de notre lien, un fil d'or indestructible qui nous unit au-delà des mots, au-delà du temps.

J'AI ARRETE DE ME FAIRE DES AMIS

J'ai arrêté de me faire des amis. Je ne suis pas doué pour ça.

Actuellement je pense que je suis mieux seul et à écrire de la poésie.

Comme si les blessures devraient être à part égale pour pouvoir être ami avec moi.

Pour beaucoup l'amour qu'ils avaient envers moi s'est transformé en haine.

J'ai peur de me faire des amis de la même façon que je crains les étrangers dans le sens où je ne sais pas s'ils prévoient de me faire du mal ou de m'aimer, et je ne sais pas ce qui serait pire finalement.

Mais malgré tout, je continue à avancer. Je continue à écrire, à exprimer mes sentiments et mes peurs à travers mes mots.

Je trouve du réconfort dans l'écriture, une tranquillité dans le silence.

Je ne suis pas fait pour les amis, mais je suis fait pour l'art, pour la poésie.

Je ne suis pas fait pour les amis pour le moment, mais pour l'amour qui transcende tout, même la poésie.

Et peut-être qu'un jour, je trouverai dans l'art un ami fidèle, dans chaque vers, une oreille attentive, dans chaque rime, une caresse.

Je ne suis pas fait pour les amis, mais pour les mots qui consolent.

Pour les poèmes qui embrassent l'âme et les cœurs qui s'apaisent.

Je ne suis pas fait pour me faire de nouveaux amis car ceux que j'ai aujourd'hui représentent tout ce dont j'ai besoin. Ils sont mon soutien, mon ancrage et la source de mon bonheur au quotidien.

Avec eux, je partage une histoire, des valeurs et des souvenirs. Cette connexion unique bâtie au travers des rires et des pleurs est irremplaçable et suffit à remplir ma vie.

LETTRE A MON CORPS

Cher futur moi,

J'espère que les choses se sont rangées et que tu t'es débarrassé de tous tes démons du passé. Je t'écris cette lettre pour te dire que je crois en toi et que j'ai foi en la personne que tu vas devenir. Le chemin a peut-être été semé d'embûches, mais je sais que chaque obstacle t'a rendu plus fort, plus sage, et plus apte à faire face aux défis de la vie.

À l'heure où je rédige ces mots, je suis plein d'espoirs et de rêves. J'aspire à un avenir où tu seras épanoui, entouré d'amour et de succès dans tous les domaines de ta vie. Je te souhaite de trouver la paix intérieure, celle qui te permettra de naviguer sereinement à travers les tempêtes, sachant que tu as en toi toute la force nécessaire pour surmonter les épreuves.

Je te prie de ne jamais oublier d'où tu viens, les leçons apprises et les petites victoires qui ont jalonné ton parcours. Ces souvenirs sont les pierres angulaires de ton futur, ils te rappellent ta capacité à te réinventer et à poursuivre tes rêves, même quand le chemin semble incertain.

N'oublie pas l'importance de l'amour et de la gratitude. Chéris ceux qui t'entourent, car ils sont ta force et ton refuge. Sois reconnaissant pour chaque moment, chaque sourire, et chaque jour passé sur cette terre. L'attitude de gratitude transforme ce que nous avons en suffisance, et plus encore.

Je t'encourage à continuer à te battre pour ce en quoi tu crois, à poursuivre tes passions avec détermination et à ne jamais laisser la peur de l'échec te retenir. L'échec n'est qu'une étape vers le succès, une leçon précieuse qui pave le chemin vers la grandeur.

Enfin, je souhaite que tu te souviennes toujours de prendre soin de toi, tant sur le plan physique que mental. La santé est le bien le plus précieux que nous possédons ; sans elle, tous les succès du monde perdent de leur éclat. Fais de ton bien-être une priorité, car c'est le fondement sur lequel tu construiras tout le reste.

Cher futur moi, je nous vois déjà, plus brillants et accomplis que jamais, prêts à embrasser tout ce que la vie a à offrir avec courage, amour et sagesse. Continue à avancer, à croire en toi et à faire de ce monde un endroit meilleur, un geste, une parole, un acte de gentillesse à la fois.

Je suis sûr que tu auras réussi avec brio tout ce que nous traversons actuellement et que tu es apaisé désormais.

Avec toute ma foi et mon amour,
Ton moi du passé

A L'AUBE DE NOS NOUVEAUX RÊVES

EPILOGUE

Blackout days,
A vous, vous qui m'avez laissé.
Indiffèrent de la plus belle manière qui soit pour me
protéger.
Me laissant me questionner si vous avez réellement existé.
A ces bons moments, à ces mauvais, à ces souvenirs qui
forge notre mémoire, à ces souvenirs qui forge notre passé.
Je ne vous ai plus. Reviendrez-vous un jour ? je ne sais pas.
Mais ce que je sais c'est que vous, mes blackout days, m'avait
sauvé. Et je vous remercie.
Mais il est temps maintenant. Il est temps de laisser place à la
lumière et de lever le voile sur ce passé qui m'a tant hanté
afin que je puisse l'affronter dignement. Que je puisse mettre
des mots sur mes émotions, des « lui » sur des « il », des rire
sur des images et des pleurs sur des erreurs.
A l'aube de nos nouveaux rêves, il est temps de grandir et
d'avancer et de faire preuve de résilience, de faire taire ce
silence trop bruyant.
Le passé est passé, le futur n'existe pas.
Le présent est là alors profitons-en.
J'ai des nouvelles musiques préférées que tu n'entendras pas.
Des livres dont je ne te parlerai pas. De nouveaux bijoux que
tu ne toucheras jamais, des nouveaux tatouages que tu ne
verras jamais, des cicatrices que tu ne liras pas.
J'ai avancé. Et j'aurai aimé que quelqu'un me dise que j'aurais
à faire face à tout ça.
Mais j'ai bien grandi, je n'étais plus rien. Mon corps ne
m'appartenait plus et ce depuis que tu avais posé tes mains
dessus. Mais c'est du passé, j'en ai récupéré la propriété.
Et dans ce présent, vibrant et vivant, je trace mon chemin, un
pas après l'autre, en savourant chaque moment, chaque
respiration. Je suis entier, je suis vivant, je suis libre.

HUYS SAMUEL

A L'AUBE DE NOS NOUVEAUX REVES

Le titre "À l'aube de nos nouveaux rêves" est né d'une réflexion profonde sur le parcours que chacun de nous entreprend, traversant les ténèbres pour atteindre la lumière, luttant contre les tempêtes pour trouver la paix, et finalement, redécouvrant l'espoir après le désespoir. Ce livre est un témoignage de cette quête universelle, une exploration intime des abîmes de la souffrance et des sommets de la renaissance.

Chaque page, chaque mot, chaque soupir capturé dans ce recueil est une pierre posée sur le chemin vers l'aube, ce moment sacré où le ciel commence à se teinter de promesses nouvelles et où le monde semble reprendre son souffle. "À l'aube de nos nouveaux rêves" n'est pas seulement une métaphore de la guérison et de la redécouverte de soi après les épreuves, mais aussi une invitation à embrasser les possibilités infinies que chaque nouveau jour apporte.

Les "nouveaux rêves" représentent les aspirations renaissantes qui émergent des cendres de nos anciens moi, des désirs et des espoirs qui se forment dans le creuset de nos luttes. Ce sont les rêves qui ont attendu patiemment dans l'ombre, mûrissant jusqu'à ce que nous soyons prêts à les accueillir et à les nourrir. Ils symbolisent notre capacité à rêver à nouveau, à aimer à nouveau, à vivre pleinement, après avoir traversé des périodes où tout cela semblait hors de portée.

L'aube, avec sa lumière naissante et ses couleurs changeantes, incarne parfaitement ce moment de transition entre la nuit et le jour, entre le passé et l'avenir, entre ce que nous étions et ce que nous sommes destinés à devenir. C'est un symbole d'espoir, de renouveau, et de la beauté qui attend patiemment de se dévoiler après les longues heures d'obscurité.

"A l'aube de nos nouveaux rêves" est donc un hommage à tous ceux qui ont le courage de continuer à rêver, à ceux qui se tiennent au bord de l'horizon, les yeux fixés sur les premières lueurs du matin, prêts à accueillir ce que le jour apportera. C'est un rappel que, peu importe la profondeur de la nuit, l'aube est toujours à portée de main, promettant un nouveau début, de nouveaux rêves, et la certitude que la lumière reviendra toujours.

A L'AUBE DE NOS NOUVEAUX RÊVES

HUYS SAMUEL

REMERCIEMENT

En ouvrant les pages de ce recueil, vous avez partagé avec moi un voyage intime à travers les ombres et la lumière de mon existence. Pour cela, et pour tant d'autres choses, mon cœur déborde de gratitude. Ces remerciements sont une modeste offrande pour ceux qui ont illuminé le chemin, qui ont tenu la lanterne dans mes nuits les plus sombres et qui ont célébré avec moi les aurores de ma renaissance.

À mes parents, pour leur amour inconditionnel, leur patience infinie, et leur soutien indéfectible. Malgré les tempêtes, vous avez été mon phare, guidant toujours mon navire chancelant vers des eaux plus calmes. Votre foi en moi, même quand je l'avais perdue, est le plus précieux des cadeaux.

Aux amis qui sont devenus ma famille choisie, ceux qui ont décidé de rester avec moi dans le combat de l'addiction, merci pour les rires partagés dans les moments de joie et les épaules offertes dans les périodes de douleur. Chaque geste de gentillesse, chaque mot d'encouragement, a été un pas vers la lumière. Vous m'avez montré la beauté de l'amitié véritable, un trésor au-delà de toute mesure.

En outre, je tiens à exprimer ma profonde gratitude à l'amour de ma vie, qui a été mon roc dans la tempête, ma lumière dans l'obscurité. Ta présence à mes côtés a été le cadeau le plus précieux. Tu m'as soutenu sans faille, accompagné à chaque étape, aidé à traverser les moments les plus sombres et te battre avec moi dans chaque bataille. Ton amour inconditionnel a été ma force et mon inspiration, transformant les épreuves en victoires et les larmes en sourires. À toi, qui a partagé le fardeau de mes douleurs et doublé chaque joie, mon cœur déborde de reconnaissance. Merci d'être toi, merci d'être là, merci pour tout.

À ceux qui m'ont tendu la main dans les profondeurs de la dépendance, qui m'ont aidé à trouver la force de me battre pour une vie meilleure. Votre compassion et votre engagement à aider les autres sont une source d'inspiration constante. Je suis éternellement reconnaissant pour votre présence sur mon chemin de guérison.

A toute l'équipe du spot Beaumarchais qui m'a accompagné dans chaque étape de mon combat mais aussi aux professionnels de la santé mentale et aux groupes de soutien qui m'ont accompagné avec expertise et empathie. Votre sagesse et votre dévouement ont été des clés ouvrant les portes de nouvelles perspectives et de nouvelles possibilités pour ma vie.

Enfin, à vous, lecteurs, qui avez choisi de vous aventurer dans ces pages. Votre ouverture d'esprit et votre volonté d'accompagner un inconnu sur le chemin de sa renaissance sont des cadeaux d'une valeur inestimable. J'espère que vous trouverez dans ce recueil des échos de vos propres luttes, de vos propres victoires, et peut-être un peu de lumière pour éclairer vos propres chemins.

Avec toute ma gratitude,

Samuel HUYS

A PROPOS DE L'AUTEUR

Samuel HUYS est né à Nîmes, en France, en l'an 2000. Depuis son plus jeune âge, Samuel a trouvé refuge et expression à travers l'écriture et le théâtre, tenant des journaux intimes et capturant des fragments de son être sur papier, sans encore saisir toute la puissance résidant dans les mots. Après avoir obtenu son baccalauréat, son parcours l'a mené de l'école des Cours Florent à Paris puis à une école de commerce, avant de plonger dans le monde du développement web. C'est dans cet univers varié que Samuel a finalement découvert sa véritable vocation : la poésie.

La passion de Samuel pour transmettre des émotions et articuler des sensations jusqu'alors inexprimables l'a guidé sur le chemin de l'écriture poétique. Sa capacité à mettre des mots sur l'indicible lui a permis de construire une communauté, à qui il est profondément reconnaissant. Grâce à des vidéos partageant ses écrits, Samuel a su toucher le cœur de nombreux de personnes comme lui, créant un espace où la sensibilité et la compréhension mutuelle prévalent.

La musique joue un rôle central dans l'inspiration de Samuel, en particulier Max Richter, dont la beauté et l'intensité émotionnelle continuent d'inspirer son écriture. C'est dans ces mélodies que Samuel trouve souvent l'étincelle pour explorer les sujets sensibles, là où les mots peinent à se frayer un chemin.

À 24 ans, Samuel se distingue par sa dualité : un passionné du digital, vivant à l'ère de la technologie, mais également un esprit profondément touché par le désir ardent de se sentir vivant à travers les mots. Les thèmes qu'il aborde dans son œuvre reflètent cette quête d'authenticité et de connexion humaine, s'attaquant avec grâce et délicatesse à des sujets sensibles que beaucoup trouvent difficiles à exprimer.

Samuel n'aspire pas seulement à partager sa vision du monde, il souhaite offrir soutien et réconfort à travers ses écrits, établissant un pont d'empathie entre ses expériences et celles de ses lecteurs.

Pour suivre Samuel et plonger davantage dans son univers poétique, rejoignez sa communauté sur TikTok sous le nom de @FOREMOSTSXM et sur Instagram à @IMSXM. Là, entre les lignes de ses poèmes, vous trouverez un espace où la vulnérabilité rencontre la beauté, et où chaque mot est une invitation à ressentir profondément et à réfléchir sincèrement.

A L'AUBE DE NOS NOUVEAUX RÊVES